Overgang

Door JH

Eerste druk 18 mei 2016

Overgang

© JH Leeuwenhart

Coverontwerp: JH en Tedja Duyvesteijn
Redactie: JH en Ronald van Linde

ISBN: 978-94-92407-01-6

Ik zie, ik zie,
wat jij niet ziet.
Ra ra, wat zie ik?

(oud kinderversje)

Ik draag dit boek op aan mijn geliefde Vader.

Hij die mij alles liet zien.

Die zijn leven deelde met ons.

Op de grens van leven en dood gaf hij ons een gave.

Hij gaf mij de gave van het zien en het doorgronden van een mysterie.

Mijn Vader ging mij voor.

Hij is een held.

Hij weet nu.

Hij ziet.

Inhoud

Als je mijn woorden leest
mag je huilen.

Je mag verdriet voelen, maar ik beloof je,
jij zult lachen

door je tranen
heen.

Prelude

Ik heb eraan gedacht om dit boek *Leven en sterven voor dummies* te noemen, maar ondanks dat ik moet glimlachen om de grappige titel zal ik het *Overgang* noemen. Een meer gedragen titel die veel zegt en ook veel verhult van een geheimenis waarvan ik niet wist dat ze bestond, totdat ik haar in de ogen heb gezien, naar haar stem heb geluisterd, zij mij haar geheimen heeft toegefluisterd.

Ik was tot dan toe onwetend en groen als gras. Ik wist niet beter dan dat mensen om mij heen, leven, bewegen en ademen.

Ik hoorde van derden, van verre werelden die niet de mijne waren, dat er zoiets bestaat als sterven en de dood.

De dood was alleen zichtbaar in speelfilms en aanwezig in romans en op het NOS-journaal. Voor mij was de dood en het sterven een fictie, een verzinsel zonder enige levende betekenis. Ik wist niet dat wat ik nu weet.

Eeuwigheden uiten zich in tijdloze momenten die overgaan in andere eeuwigheden die overgaan in andere eeuwigheden die zich wederom uiten in andere tijdloze momenten.

De hoogste tijd is gekomen als het moment verzadigd is en overgaat in een ander moment dat eeuwig is en zal zijn totdat er weer een overgang nabij is.

Wij stervelingen zijn voor de eeuwigheid geboren.

Indien onze ogen zich openen en onze harten beginnen te kloppen, wanneer onze oren gaan horen en onze huid gaat voelen, zullen wij weten, vol verwondering zullen wij ervaren dat wat essentieel is.

Alles wat er totaal niet toe doet zal verdwijnen. Dat wat van waarde is zal overeind blijven staan. Zal de tijd doorstaan. De tijd die niet bestaat en uiteenvalt in unieke eeuwigheidsmomenten.

De christelijke kerk leerde ons onderscheid te maken tussen vergankelijkheid en eeuwigheid. Tussen het aardse leven dat tijdelijk is en de hemelse eeuwigheid.

"Stof zijt gij en tot stof zult gij wederkeren." Zo klinkt de overbekende formule die vaak standaard wordt uitgesproken op een uitvaart.

Het lichaam is vergankelijk en de ziel vindt haar bestemming in de eeuwigheid.

De metafysica van de christelijke kerk, het lichaam van Christus, aanvaard ik als feitelijk en kloppend, ook al heb ik een volledig andere metafysica die niet van deze wereld lijkt te zijn. Vreemder en ongerijmd zijn mijn gevoelens en gedachten over alles wat is. Wellicht alleen volledig door mij zelve te zien en te begrijpen.

Afijn, ik daag u, lezer, uit om mij te volgen waar niemand mij kan of wil volgen.

Alleen degenen die willen leren luisteren, leren voelen, leren om zich open te stellen, leren zien, zullen weten en zien wat er is aan de andere kant van de drempel die wij, als stervelingen in dit leven, eenmaal zullen overbruggen.

Onze levens lijken zodoende omgrensd met een ragdunne lijn waarvan wij voelen en denken dat deze lijn een onoverbrugbare kloof is die het bestaan in tweeën deelt. Aan de ene kant de levenden en aan de andere kant onze geliefde overledenen.

Wilt u kennen de mysteriën van leven en sterven?

Lijdt u aan schrikbeelden over wat het sterven is dat tot u komt uit velerlei indirecte bronnen zoals boeken, films en internet, etc.

Denkt u dat deze angstwekkende beelden realistisch zijn?

Ziet u overal beren op de weg?

Ik denk en voel dat wat de één realistisch vindt slechts een fractie is van wat er aan de hand is of zou kunnen zijn. Realisme is wat dat betreft een betrekkelijk fenomeen en aan verandering en evolutie onderhevig.

In hoeverre kunnen wij pretenderen onszelf realistisch te noemen?

Als Realiteit Reiziger pretendeer ik niets in deze. Ik reis enkel van Realiteit tot Realiteit, van Waarheid tot Waarheid.

Ik weet dat een ieder leeft in zijn of haar Waarheid die een Realiteit is met unieke zijnswetten. Ik voel dat het besef van Waarheid een groeiend, ontvouwend proces is.

Je hele leven lang evolueert De Waarheid met jou mee. Is één met jouw Wereld/Universum/Realiteit.

Alleen jij kunt groeien in het kennen van jouw Waarheid, welke De Waarheid is, daar jij geen andere Waarheid kent.

Een Waarheid die belichaamd is door de Realiteit waarvan jij de spil bent. Het ordelijk beginsel ofwel de Essentie ofwel de Ziel van een Wereld.

Het raadsel van de dood en het sterven hielden mij eigenlijk niet
zo bezig.
Ik schreef in mijn voorgaande boeken al over andere dimensies en
realiteiten.

Zodoende was het voor mij klaar als een klontje dat men door
processen van leven en sterven heen zal blijven incarneren. Ik
vond het niet meer dan zonneklaar.

Ik wist.

Ik voelde.

Maar wat was de bron van mijn weten?

Van mijn geloven?

Ik wist het met mijn hart. Door dieper voelen en een innerlijk
weten.

"Het leven is betrekkelijk. Het is vergankelijk".

We kijken naar de klok of naar onze horloges en op onze elektronische agenda's en we concluderen dat de tijd in een rap tempo voorbij glijdt.

In de kranten lezen we overlijdensberichten van ouderen, jongeren, van baby's en pasgeborenen.

Het leven is betrekkelijk.

We zijn hier en dan verdwijnen we weer.

We verschijnen en we verdwijnen.

De zin van de onzin ontgaat ons volledig indien we de dood nog niet in de ogen hebben gezien.

Fantasma's en fictieve angstbeelden rond de dood en het sterven vervullen ons en verlammen ons.

We zijn onbewust bang en onzeker, want ja, het leven duurt maar even.

Of dit nu echt zo is zullen we pas zien en inzien als wij ervaren en beleven het mysterie dat ons ganse bevattingsvermogen te boven gaat.

"Verboden toegang voor onbevoegden. Artikel ...."
staat op een bordje geschreven.

Wie zijn deze onbevoegden en wie zijn er bevoegd om toegang te hebben tot het verboden verklaard gebied?

In de bijbel staan mysterieuze spreuken zoals:

"Geen paarlen voor de zwijnen werpen."
Of

"Velen zijn geroepen, weinigen uitverkoren."

Omdat het christendom in essentie bestaat uit mysteriën zal ik deze religie zo benaderen en tastbaar maken.

De bijbel zie ik als een boek welke geen oplossingen biedt voor allerhande problemen, maar sleutels geeft tot het zien en voelen van de mysteriën van het leven en van het sterven.

Het boek bevat een mystieke leidraad tot jouw eigen bestaan.

Zo wens ik het te zien.

Dit is wat mij betreft het meest pure christendom dat ik ken en voel en doorgrond.

Ik zie de mystiek en de magie binnen dit geloof.

Geen hapklare antwoorden op al je vragen, nee, verhulde sleutels tot ervaring en Existentie.

Ik breng het bijbels mythische terug tot wat het is:
als een essentieel mysteriespel van jou of van mij.

De zijnsprocessen en diepere betekenissen van de Bijbeltaal gelden voor mensen van nu. Mensen die niet zijn wat zij lijken te zijn. Achter menselijke gezichten hult zich het ware wezen, dat meer overeenkomsten heeft met het onsterfelijke dan met het vergankelijke.

Voor mij zijn mensen meer waard dan zij soms denken te zijn.

De goden en godinnen leiden een verborgen bestaan binnen onze mensenwerelden.

Want ja, wij zijn inderdaad verheven en Goddelijk van aard en wezen.

De religieuze zijnsprocessen zijn voor ons bedoeld en vinden plaats in ons.

Wij zijn het waardig of niet.

We zijn er aan toe om het te zien of niet.

"Velen zijn geroepen, weinigen uitverkoren."

Ik breng de Goddelijke processen die beschreven staan in geheimtaal in de heilige boeken terug tot ons, levende wezens in het hier en nu.

Wat Jezus kan, kun jij dat ook?
In feite wel.

In essentie kun jij ook jouw levensverhaal vervullen op een ongekende wijze.

Niemand doet jou dat na.

Jij doorleeft jouw unieke levens en lijdensweg, jij ervaart jouw kruisiging en jouw opstanding ten derde dage, etc.

Jij bent Jezus niet, maar Jezus is ook jou niet.

Jij bent wie jij bent.

Laat je niet van de wijs brengen.

Jij hebt jouw eigen Heilige Taak te volbrengen in jouw bestaan.

Vergelijk jezelf niet met een ander, ook al is het fijn en waardevol om uit inspiratiebronnen te mogen putten.

Ik leid mijn leven en doorleef mijn existentiële en religieuze levensprocessen en fasen.

Ik ben die ik ben en dat is Heilig. Dat is verheven.

Ieder wezen leeft zo zijn unieke en essentiële religieuze verhaal dat hij ervaart en beleeft.

Ieder mens of ander wezen heeft een lijdensweg, een kruisiging, een wederopstanding, etc.

Jezus' leven en sterven is uniek.

Edoch jouw leven en sterven ook!

Het mijne insgelijks.

Zo zeg ik uit eigen mond, vol trots en integriteit en levensmoed:

Ik ben de weg, de waarheid en het leven.

En ik zeg tegen jou, mooie Ziel:

Jij bent de weg, de waarheid en het leven.

Jij bent de persoonlijkheid, de levende mythe, de potentiële hoofdrolspeler in jouw levensdrama.

Als jij jouw leven en bestaan 100 % weet te waarderen, zul jij een waardige genoemd worden, of een uitverkorene, een gerealiseerde Ziel, een Boeddha, een Bodhisattva, een avataras, een redder. Jij hebt de potentie in jou om te gaan waar niemand zal gaan.

Iedere levensfase is het waard om geleefd en ervaren te worden. Niet slechts de jeugd en de adolescentie, maar ook de volwassenheid, de ouderdom en zelfs het sterven en de dood, die mijns inziens een overgang is.

De geboorte van een baby krijgt alle positieve aandacht die zij
maar kan krijgen.

Het sterven is minder populair.

Het lijkt meer beladen te zijn met gedachten aan iets macabers,
iets wat we niet willen weten. Iets waar wij ons zelf voor
afschermen. We willen liever niet zien, totdat wij er niet meer om
heen kunnen.

Totdat het ons zal raken.

Tot het moment daar is, dat het onder onze huid kruipt en het ons
Hart raakt.

Dan wordt het anders!

Nu moet ik wel zeggen dat de beelden over het sterven en de dood die ons via media bereiken wel zeer algemeen aandoen.

Het heeft voor onze beleving nog niets persoonlijks.

Pas als de dood een vertrouwd gezicht heeft, worden wij geraakt. Pas als het met ons communiceert.

Dan gaat het Hart open, als een wondermooie bloem, en wordt het sterven voor ons tot levende Realiteit, vol mysterie.

Alleen het persoonlijke raakt ons tot in het Hart. Het algemene stompt af en verwijdert ons van ons authentieke zelf. Wij hebben in feite geen zielsverhouding met het algemene dat tot ons komt uit velerlei onpersoonlijke bronnen.

Alleen dat wat ons raakt, zal van waarde zijn en vol schoonheid, goedheid en waarheid.

De waarheid spreekt tot ons in een taal die wij, ieder van ons, persoonlijk kunnen verstaan. Alleen dat wat tot onze persoon spreekt, zien wij echt.

Voor onpersoonlijke berichten van derden voelen wij niets, want het heeft niets met ons van doen.

Wij reageren vaak medelevend en invoelend op onpersoonlijke berichten die tot ons komen van derden, terwijl onze Ziel zwijgt en niet reageert.

Dan lijkt het of wij geraakt zijn tot in ons diepste wezen, maar dit is slechts schone schijn. We verliezen ons dan in vorm en etiquette en we verbergen onszelf en ons ware gevoel. Als anderen zouden zien wat ons sociale invoelen en medeleven echt inhoudt, zou schaamte ons overmannen.

Hoe erg is het wat het nieuws brengt en welk blad dan ook?

Wat erger is, is dat ons stilzwijgend wordt geleerd dat wij ons authentieke zelf uit sociaal oogpunt moeten miskennen, en eindeloze berichten van derden aanschouwen. Onderhevig aan het fenomeen van de hond van Pavlov grienen wij en kermen wij om al het leed van de grote wereld dat ons eigenlijk helemaal nooit aangaat.

Want ja, wat raakt jou nu echt?

Wat beweegt jou?

Welke verbindingen leg jij met wat er toe doet of niet?

Alleen als wij en onze geliefden op een persoonlijk niveau worden geraakt door een intieme gebeurtenis, zullen we daadwerkelijk voelen en medeleven.

Alleen dan.

Op het meest intieme niveau vinden wij elkaar. Voelen wij elkaar en delen wij met elkaar, geven wij elkaar en ontvangen wij.

Dit in tegenstelling tot de *mediagebeurtenissen* die elders plaatsvinden en geen directe connectie met ons hebben.

Onze Ziel verlangt naar geborgenheid.

Alleen in vertrouwdheid en in erkenning zal de Ziel zich openen. Is er verbinding.

De heilige en sacrale momenten die er echt toe doen, staan nooit in de krant vermeld en worden nooit op televisie uitgezonden.

De mooiste en meest bijzondere stonden beleven wij samen met onze geliefden. Zij die elkaar mogen vinden in Ziel en Zaligheid.

Alleen dan is er plaats voor een ontmoeting.

Dan is er totale eenheid tussen jou en mij en hen die er toe doen.

"Velen zijn geroepen, weinigen uitverkoren."

Kijk naar jouw eigen gezin en naar jouw vrienden, naar jouw lieve geliefden.

Kijk naar ze en maak de keuze of jij naast hen wil staan, je met hen wilt verbinden.

Of kies je voor je landgenoten, ideële kameraden, tijdgenoten, politieke vrienden, kroegmakkers en vele andere soortement derden? Kortom, kies je voor de afstandelijke verbinding met de publieke opinie? Voor het kille lawaai van het debat en de discussie, alsook de gemakkelijke prietpraat van een publieke entertainer?

Kies voor de algemene, gezichtsloze massa, of kies ervoor om echt van iemand te houden.

Want zeg nu zelf.

Waar vind jij de intieme geborgenheid en de integere liefde
anders dan in een heel kleine kring?

Wat zeg ik?

De kleinste kring.

Vraag jezelf maar eens af wat jij ervaart en wat en wie jou echt
raakt?
Bij wie toon jij jouw diepste emoties en deel jij de gevoelens die
ertoe doen?

Bij wie mag jij jezelf zijn of bij wie voer jij een show op?

Een nietszeggende show van nietszeggende woorden en gebaren
voor een publiek van nietszeggende gezichten die het totaal niet
uitmaakt wie jij bent en wat jij doet.

Nog een vraag aan jou.

Waar zou je willen zijn en bij wie, als jij je laatste momenten in dit leven ervaart?

Zou je helemaal alleen willen zijn, of samen met degenen die jouw het liefst zijn.

Hoe breng jij je laatste momenten door?

Dat is tevens mijn allerlaatste vraag aan jou, waarde Ziel.

Aan mij rest nog een stilte, alvorens jou mee te nemen in een gebeuren dat mij op het diepste zielsniveau heeft geraakt.

Volg mij en mijn geliefden op unieke momenten in het bestaan van mijn Vader. Mijn Vader die ons aan zijn liefdevolle hand heeft geleid tot de grenzen van zijn bestaan en ver voorbij deze grenzen.

Volg mij en zie.

36

Groot Mysterie

(Magnum Mysterium)

Een Passie-spel

Alleen voor hen
die wensen te zien,
te horen en te voelen,
te ervaren en te beleven.

Moeder was even boodschappen doen en ik paste op mijn vader.

Ik zat bij hem en ik kreeg het idee om hem te tekenen zoals hij was.

Ik deelde hem mijn plan mede.

Vader vond het goed.

Vol goede moed toog ik aan mijn werk.

Volg hier het proces om mijn vader te vatten in tekeningen.

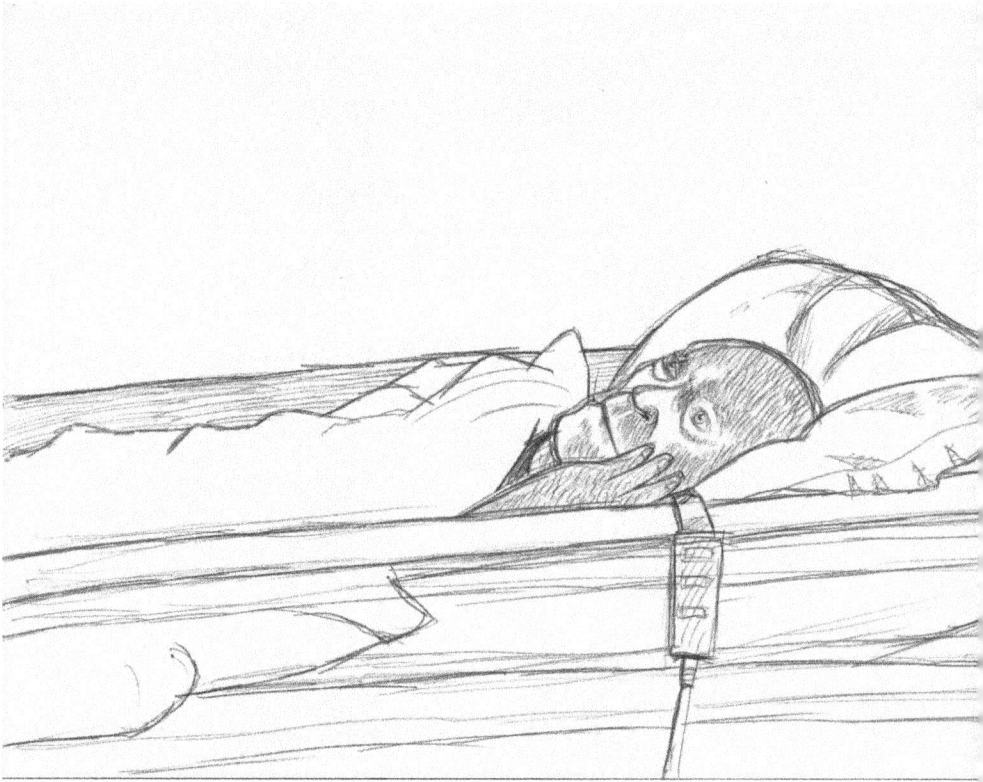

paps   dinsdag
        22 maart 2016.

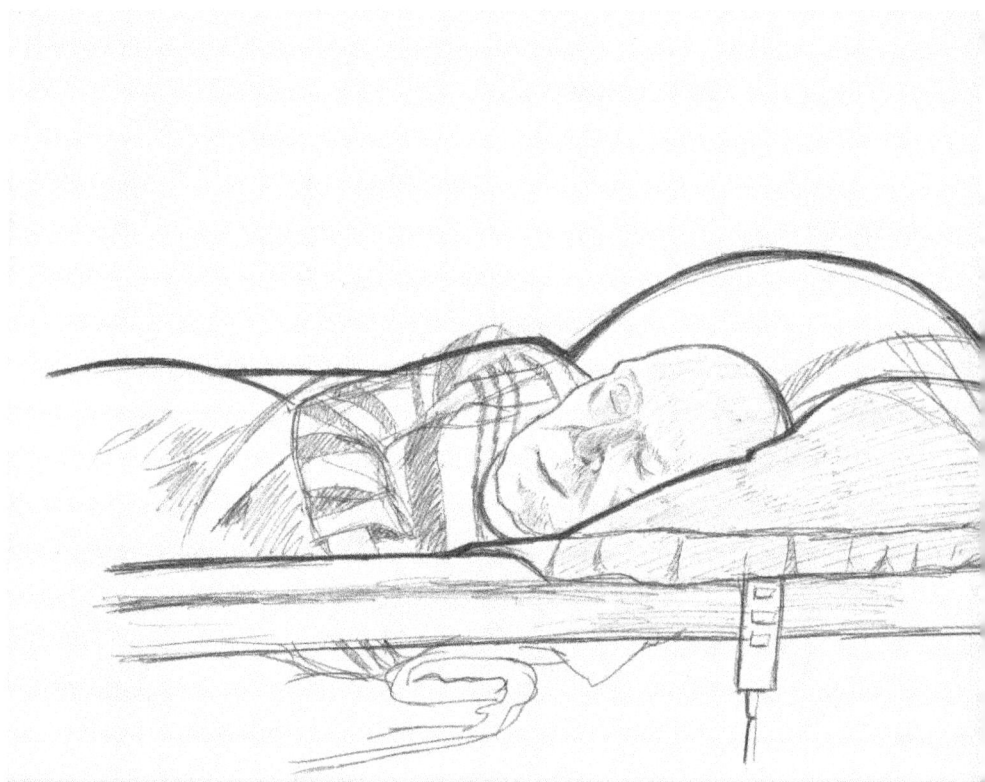

paps 23 maart 2016.

47

paps 30 maart 2016.

49

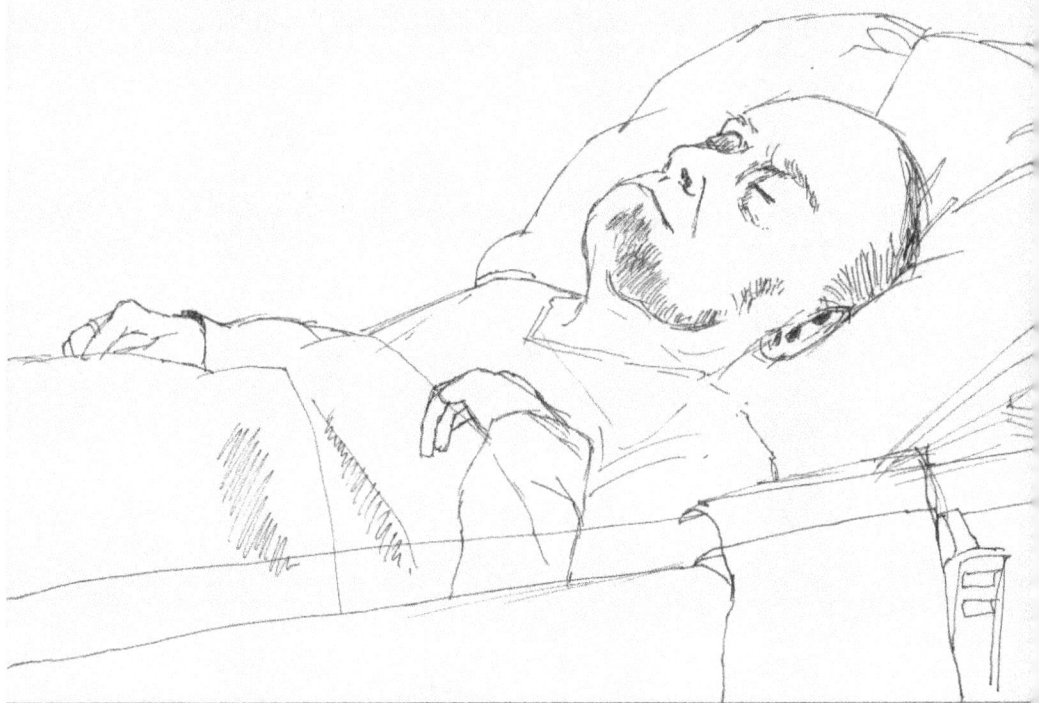

Фаρ5 31 маηκτ 2016.

Op een zekere nacht logeerde ik bij mijn geliefde.

Ik kon niet slapen en ik wilde eigenlijk ook niet slapen.

Toch dommelde ik naast haar in om even later wakker te worden
van de telefoon.

Het was mijn moeder en ik hoorde dat ze tegen mijn lief zei dat
het zover was.

Dat het slecht ging met vader.

Wij waren klaar wakker en even later voerde haar auto ons naar
mijn ouders woonstee.

Die nacht zal ik nooit vergeten. Het was de nacht dat vader streed.
De nacht dat wij waakten over hem.

Moeder, mijn geliefde zus en mijn vriendin en ikzelf losten elkaar
om de twee uur af om in tweetallen over hem te waken.

Tot in de ochtend ademde vader in het ritme van zijn hartslag,
zwaar en vlug.

Mijn vader heeft de hele nacht niet geknipperd met zijn ogen en
hij staarde voor zich uit.

Wij waren met hem en hielden zijn hand vast en zeiden soms iets tegen hem.

Toen het de beurt van mijn moeder en mijn zus was om ons af te lossen, gingen mijn vriendin en ik slapen.

Nog nooit heb ik zo gelegen als toen.

Diep in slaap, terwijl ik alles hoorde wat er gebeurde.

Als een wild dier liggende in zijn leger, rustende en alert.

De hele nacht was ik wakende.

graps c april 2016

In de ochtend ging mijn lieve vriendin naar huis.

Mijn moeder, zus en ik bleven.

In de ochtend veranderde de ademhaling van vader, de heftigheid ging over in een kalm ademen.

Naar de rust.

Na een tijd veranderde de ademhaling van vader weer.

De adem stopte kort en ging weer verder.

Moeder had vaders hand in de hare.

Ik ging bij haar staan.

Mijn lieve zus was in de keuken.

De adem van vader stopte weer.

Ik voelde iets van binnen en ik riep mijn zus, die meteen kwam.

Wij waren samen bij vader toen hij zijn laatste adem uitblies en nog even knipperde met zijn ogen, die de hele nacht geen kracht meer hadden om te knipperen.

Ik zei dat ik voelde dat het zover was.

Moeder voelde het ook.

Zus ook.

Samen schreiden wij om vader.

Ik voelde ik dat ik nog een ding doen moest.

Ik vroeg aan moeder en zus of het goed was dat ik nog één
tekening van vader zou maken.

Eentje die ik wilde maken.

Het was goed.

Ik pakte een gele en een oranje stift uit het pakje kleurtjes.
En ik nam mijn schetsboek en ging bij vader zitten.

Ik heb op dat moment een icoon van vader getekend.

Dat was het wat ik moest doen en wat ik kon doen.

Zo mocht ik mijn vader tekenen.

In leven en door het sterven heen.

pops 2 april 2016

Des middags ging ik even de stad in en ben ik naar mijn werkplek
gegaan om even eruit te zijn.

De volgende tekeningen heb ik in die tijd gemaakt.

"pappa's".
"ogen die zien".

'Pappa's
ogen die zien'.

'pappa's
'laatste ademtocht'

'Pappa's
laatste ademtocht.'

'pappa'sen gesn.
'De Heilige ~~~~~'

'Pappa's
Heilige gezin.'

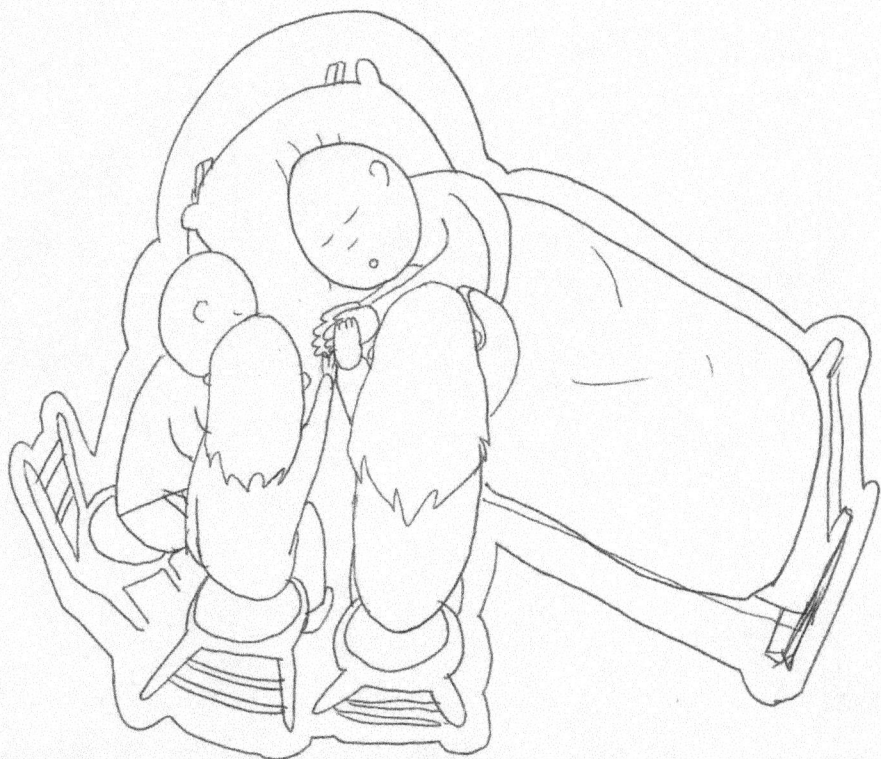

"maar het meeste
de liefde."

'Maar het meeste
de Liefde.'

De volgende tekening heb ik gemaakt toen de kleinkinderen vader bezochten.

'pappa
staapt'

'Pappa
slaapt.'

Vader lag statig als een waarachtige koning onder zijn lievelingsdeken en op zijn lievelingskussen en in zijn lievelingskleding.

Zijn gelaatsuitdrukking was die van een overwinnaar die de grootste zege heeft behaald.

Een witachtige gloed omhulde hem en mooie muziek van een lieflijk koor klonk voortdurend door de kamer.

Hij zag er vredig uit.

Ik zat vaak op de stoel naast het bed van mijn vader en ik liet mij meevoeren door zijn aanwezigheid en door de hemelse muziek.

Des avonds zei ik welterusten en boog ik mijn hoofd voorover om een kusje van hem te mogen ontvangen.

De laatste jaren gaf hij dan een kus op mijn hoofd of hij proestte voor de grap op mijn haar.

Zo ging dat.

Zo is vader zes lange dagen bij ons geweest.

En op de zevende dag werd hij ter grave gedragen.

De volgende tekeningen getuigen van dat gebeuren.

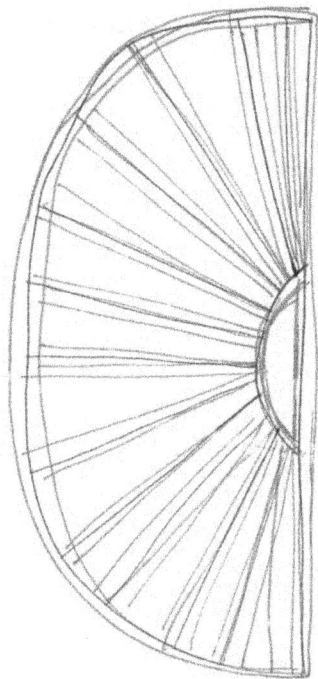

Laat mij niet los.
Kom me vast.
Blijf bij me.
Hou van mij,
voor altijd.

"Vergeet
mij niet."

"Dit is om Adam"

Laat mij niet los.
Hou me vast.
Blijf bij me.
Hou van mij.
Voor altijd.

'Vergeet mij niet.'

'Dit is mijn lichaam.'

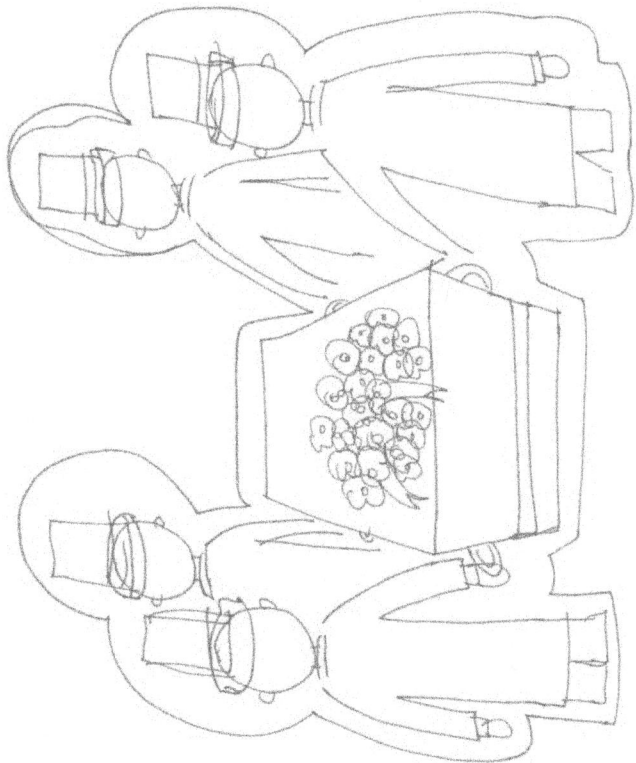

"Wednesday" ("It's [illegible] lush late weekend.")

'Waardig (Hij heeft het verdiend!)'

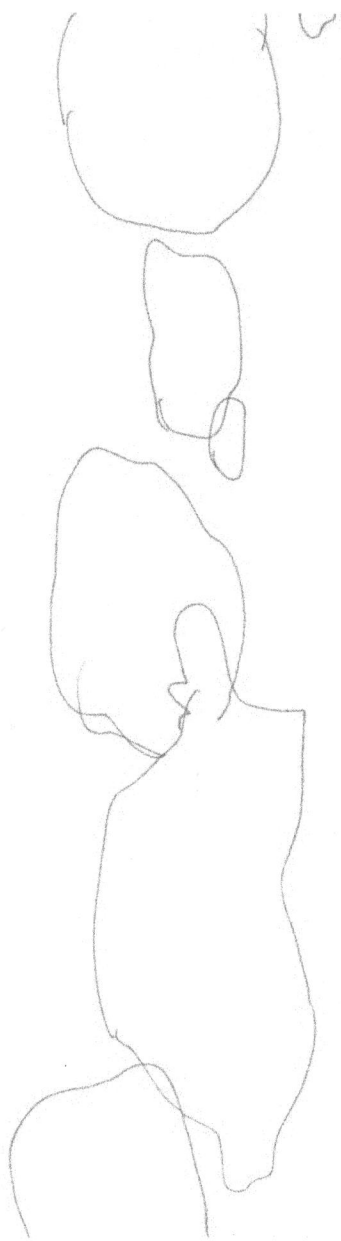

'Tranen van Dieuwke.'

Wij voelden
Vaders aanwezig sterk dezer dagen. Sterker als nooit tevoren.

Dit in een diepe mystieke zin.

'Pappa's verheerlijkte lichaam'

(Ik ben met jullie)

Moeder had hele bijzondere inzichten in deze dagen. Ze zag mooie verbanden en overeenkomsten met het lijdensverhaal van Jezus Christus.

Vol vreugde en vol verwondering deelde ze deze gevoelens en gedachten mede.

'Mamma ziet.'

Mijn zus en moeder en ik waren bij Hem toen hij Overging.

Wij zijn de drie getuigen.

'De drie getuigen.'

Onze Harten zijn bewogen. Allen zijn we in de grond van onze Harten veranderd en er is geen weg terug.

Alsof we terug zouden willen.

We aanvaarden het Geschenk van Vader in Liefde.

'Heilige Harten.'

Postlude

Alles heeft zijn begin in een ervaring.

Een sacrale ervaring. Door een aanraking met het grote ongekende, ontmoette ik mijn Vader op een heel bijzondere wijze.

Het begon allemaal met een aanraking.

Ik noem het: de aanraking van het leven.

En wanneer je geraakt wordt, zal je voor altijd veranderd zijn.

Er is geen terugkeer mogelijk.

Je bent veranderd, zodra je geraakt wordt.

Mijn Vader raakte mij in mijn diepste wezen.

Hij toonde mij het leven en de dood.

Hij gaf mij de sleutel.

Uit liefde voor ons gaf hij.

De gave van de Liefde, de compassie en het begrip.

Zo aan het einde toonde hij ons het naakte bestaan.

Hij toonde ons de sleutels die toegang geven tot de Realiteit. De sleutels zijn: Waarheid, Schoonheid en Goedheid, Tederheid en Liefde en de samenhang tussen deze, genaamd: Harmonie.

Ik noem dit ook wel Waarachtige Religie.

Een Religie die een ieder van ons kan ervaren.

Ware Religie heeft dan ook niets van doen met kerk of identiteit.

Het heeft van doen met ons Hart, ons bewustzijn en onze bewustwording.

Mijn Vader gaf ons Vertrouwen door de dood heen.

We mogen de Harmonie van Alles ervaren door leven en sterven heen.

Wie zijn zintuigen goed de kost geeft, zal alleen nog maar Harmonie zien en ervaren. Niets is zomaar iets en niemand is hier voor niets en alles is iets waarvan wij vaak niet meteen zien wat dat nu is.

We voelen veel, maar helder zien is een kunst te noemen, een levenskunst.

Mijn Vader gaf ons zijn hand.

Hij zei: Ga je met me mee op reis?

Een levensveranderlijke reis.

Vertrouw je me?

We gaven hem onze handen en we betraden
zijn Heilige Realiteit.

We werden één met zijn Realiteit.

In mystieke zin werden wij één met Hem.

Hij deelde zijn Aanwezigheid met ons op vele wijzen.

Wij waren de getuigen van zijn Reis.

Hij moest een moeilijke keuze maken.

Hij moest afscheid nemen.

Hij moest aanvaarden.

Zichzelf schijnbaar verliezen om iets te winnen.

Vol vertrouwen en toch met blijdschap alsook met verdriet.

Vol moed en volharding het nieuwe tegemoet.

Het onbekende land.

De laaste nacht zou hij strijden om zijn doel te volbrengen.

Terwijl wij, zijn geliefden, naast Hem waakten tot het einde toe.

Precies op het juiste moment is Hij overgegaan.

Op het moment dat hij het wilde.

Mijn Vader was voorbereid op dit moment
en nu deed hij het.

Het moeilijkste wat hij ooit heeft gedaan.

Hij knipperde even kort met met zijn ogen en blies de laatste
adem uit.

Hij had het Volbracht.

In die zin konden wij Hem niet volgen en dit voelden wij tot in
onze Harten.

Wij mochten naast Hem zijn en om Hem heen.

Wij mochten Hem zien en voor Hem zorgen en bij Hem waken en
de Heiligheid delen van dit gevoelige gebeuren.

Iets wat alleen in de veilige haven van een Gezin kan plaatsvinden.

Alleen tussen geliefden.

Mijn Vader is over een drempel gegaan.

Door een deur die open was en die toegang biedt voor hen die
voorbereid zijn en waardig en de laatste strijd hebben gestreden
binnen onze Wereld.
In de kerk waar mijn moeder naar toe gaat, het Leger des Heils,
noemt men de mensen die de laatste strijd hebben gestreden:
Bevorderd tot Heerlijkheid.

Dit zegt ons veel over de laatste worsteling die wij hebben te
doorstaan.

109

Een intense worsteling om tegelijkertijd los te laten en vast te houden.

Om de diepliggende angst te overwinnen die ons doet voelen dat wij allen die ons dierbaar zijn zullen verliezen.

Dat is onze grootste angst.

Dat je zelfs degenen die je het meest lief hebt los moeten laten.

Om het niemandsland te betreden.

Een keuze te moeten maken waarvan je de gevolgen niet kan overzien.

Die je alleen vanuit vrede en vertrouwen kunt maken.

Mijn Vader kreeg vrede.

Tegen de ochtend werd zijn ademhaling opeens kalm en vredig.

De strijd was al gestreden.

Edoch, het allerlaatste moest nog plaatsvinden en overwonnen worden.

In volledig vertrouwen en met vrede in zijn gemoed heeft mijn Vader zijn laatste adem uitgeblazen met zijn hand in de hand van mijn moeder.

Hij wist wat hij moest doen om heen te gaan.

Om los te laten en te zien wat wij niet konden zien.

Hij zag het en hij is gegaan.

Over de grens.

Door de deur.

Vol aanvaarding en met de wetenschap van het Hart
dat het goed was.

Mijn gedachten en mijn gevoel gaan nu alle kanten op en ik zie
wat er is gebeurd en wat dit alles betekent en welke lading schuilt

achter dit grote gebeuren, waarvan ik de reikwijdte niet kan overzien of begrijpen.

Daarom ook dit boek.

Om mijn Vader te eren en te naderen op zijn Reis, en tevens mijn moeder en mijn zus en al de geliefde vertrouwde gezichten van mensen die van mijn Vader hielden en Hij van hen. Ook hen wil ik eren door met hen mijn woorden te delen van de wijze waarop ik de laatste Reis van mijn Vader heb ervaren en beleefd. Het was een proces van voorzichtig zoeken naar de juiste woorden, om het onbegrijpelijke en ongekende gebeuren ook voor anderen zichtbaar te maken.

Misschien is mijn Vader vrij om te gaan waar hij wil zijn.

Misschien is hij nu vrij om te gaan over de drempel, door de deur,
van daar naar hier, van hier naar daar.

Zijn Realiteit is Groter dan voorheen.

Hij weet. Hij Ziet.

Onze Realiteit is Groter dan zij was.

Wij weten. Wij Zien.

Wij voelen dat het leven een mysterie is.

We voelen dat ieder leven waarde in zich bevat.

Ieder leven is het waard om geleefd te worden.

Wij weten dit.

Niet door woorden, maar door het voelen.

Een groter weten.

Een diepere Visie.

Niet voortgebracht door de ratio, die een gereedschap is voor de Ziel ofwel het Wezen dat in en door het lichaam aanwezig is. Wat Ziel is en Geest en Lichaam.

Onze ratio is een aspect van het Grotere Zelf.
Het is een middel om een systeem aan te brengen in onze uitingen en belevingen.

Een systeem dat de logica herbergt die het Hart voortbrengt.
Een gevoelssysteem dat dus eigenlijk geen systeem genoemd kan worden.
Ons hoofd is eigenlijk een aspect van ons volledige wezen dat ontvangt en uitzendt.

Wij ontvangen en zenden uit.

Ons Hart echter staat aan de basis van onze uitingen.

Onze Zielsuitingen krijgen vorm en beeld door middel van onze lichamelijke aspecten.

Ons lichaam en zijn aspecten tonen de toestand waarin wij ons bevinden.

Wij zijn één in Ziel, Lichaam en Geest.

Wij uiten ons door middel van onze lichamelijke aspecten in samenhang met alles wat wij in essentie zijn.

Wij delen met elkaar onze gevoelens, onze gedachten en gesproken woorden en klanken. Alsook onze creaties en onze keuzes die wij elkaar tonen wie wij in essentie (willen) zijn.

De ganse persoonlijkheid toont zich in alles wat en wie wij zijn. Wij bepalen zelf onze eigen waarde.

Alleen wijzelf kunnen oordelen en verandering aanbrengen in ons eigen leven.

Een ander vindt geen woorden en is zonder enig oordeel, want ja, de essentie kan alleen gedacht en gevoeld worden door de essentie zelf en door niets en niemand anders.

Wij mogen op bijzondere momenten voelen en weten wat een ander doormaakt en beleeft.

Wij, als geliefden van Vader, mochten zien en weten wat hij doormaakte en wie hij was en wie hij nu is.

Vader is bij ons en toont ons op wonderlijke wijze hoe en waar hij nu is.

Zo is het en zo zal het zijn.

Spielerij

De tijd van spielerij is voorbij, nu ik heb ervaren wat ik heb ervaren.

Ik voel zwaartekracht aan me trekken.

Ik voel dat de dingen gewicht hebben.

Alles heeft gewicht.

Ik wil mijn metafysische bespiegelingen wegen en voelen wat er toe doet en wat niet.

Alleen door te voelen kan ik weten of wat ik beweer ook klopt.

Dat het gewicht heeft of juist niet.

Voorbij het graf en weer terug

Mijn metafysische leer is volledig in duigen gevallen.

Door mijn Vader is alles anders geworden.

Het wonderlijke en het ongerijmde hebben hun waardige intrede gedaan in mijn leven.

Alles staat op losse schroeven.

Ik ben geraakt.

Diep in mijn Hart en wellicht nog dieper.

De reikwijdte is niet te overzien.

Het grote ongekende laat het achterste van zijn tong zien.

De waarheid is vol schoonheid, goedheid en compassie en Liefde, dit alles omgeven door en in samenhang met de krachten van de Harmonie.

Tedere handen raakten mijn Vader.

De tederheid geeft een tastbare scheiding aan tussen de metafysica van voorheen en die van nu.

Groot verschil met gisteren en heden is, dat mijn metafysica enkel op mijn inbeeldingskracht en verbeeldingskracht was gefundeerd.

Eigenlijk is deze vervuld met wie ik nu ben.

Mijn metafysica van nu is meer tastbaar en belichaamd door de Liefde en de compassie, door Waarheid, Goedheid en Schoonheid en de aldoordringende krachten van de Harmonie.

Wat gebleven is en wat de metafysica van gisteren verbindt met die van vandaag, dat zijn mijn belevingen en ervaringen, waardoor ik geraakt word en geïnspireerd tot het zien van wat Realiteit is en Waarheid.

Mijn geliefde Vader heeft mij veel gegeven en geeft mij nog dagelijks.

Omdat ik nu niet meer alleen over vrijdenkerij, verbeeldingskracht en inbeeldingkracht beschik, maar ook over tederheid, geduld, empathie, alsook over compassie en Liefde, die ik voel in heel mijn wezen, ben ik anders dan voorheen.

Ben ik vernieuwd.

Ben ik gestorven in mijn leven, want ja, we sterven ook in onze levens.

Sterven is transformeren.

Sterven is afscheid nemen van wie wij waren, om door vervulling van ons wezen te groeien in wie wij zijn en worden.

Wij worden eigenlijk meer dan wij waren.

Sterven is eigenlijk een verrijking van ons Wezen.

Wij zijn meer. Wij zijn anders.

Nooit kunnen wij terug naar wie en wat wij waren.

Een hernieuwde ontdekkingstocht neemt zijn aanvang.

Samen met mijn geliefden en samen met mijn Vader ga ik
wederom op reis.

Ik kan en wil er niet om heen.

Het moet zo zijn.

Ik wil het graag. Ik doe het met liefde en geduld, vol compassie
naar alles en iedereen om me heen.

Mijn levenspijn is een geschenk van mijn eigen Vader aan mij, zijn zoon.
Door deze gemoedstoestand word ik meer en niet minder.

De dood lijkt ons te verarmen.

Iemand is niet meer.

Verlies en verdriet.

Rauwe tranen die nergens toe lijden.

Wellicht tot verwerking en acceptatie.

Wat mij betreft is er veel meer dan deze beperkte processen, en dit *meer* wil ik in woorden en gevoel uitdrukken.

Want is dit alles een bittere pil die wij moeten slikken of is dit iets wat ons zelfs tot zegen mag zijn?

Zoals ik het al heb gezegd: voor mij is het sterven een geschenk van onschatbare waarde omdat het gezegend is met mijn Vaders liefde en met zijn aanraking.

Geloof het of niet.
Er is meer, veel meer, dan er is of lijkt te zijn.

Verwonder jezelf maar en open je wezen voor datgene waarover je niet durfde te dromen dat het zo zou kunnen zijn.

Het leven kent wonderen en wonderlijke momenten.

Eigenlijk is het leven en specifiek het leven door het sterven heen een wonder, waarvan wij getuigen kunnen zijn in liefdevolle verbintenis.

Alleen door de liefde zul jij kunnen aanvaarden dat het leven waardevol en goed is, ook door het sterven heen.

Voel je Hart en luister naar mijn woorden, die ik uit.
Luister en zie.

Zie en Verwonder je over dat wat er is.

Verbergt het leven en de dood hun geheimen voor jouw ogen die nog niet kunnen zien?

Of open jij je ganse wezen voor dat wat zich voor jouw ogen afspeelt.

Open je Hart, je Wezen.

Je zult weten.

Geen angst meer en geen last.

Alleen een wereld die opengaat en zich aan jou toont in haar volle glorie.

"Het is goed zo."

Aan de andere kant van de lijn

Sinds ik heb ervaren wat ik heb ervaren, is alles anders.

Ik merk dat ik aan de andere kant van de lijn sta.

Net als mijn Vader ben ik overgegaan naar een andere wereld of moet ik zeggen naar een grotere wereld, een verruimde Realiteit?

Een ander besef en een andere levenstoestand.

Er is geen weg terug.

Net als mijn Vader ben ik door een deur gegaan.

Een deur die gesloten leek, maar open was en open zal blijven.

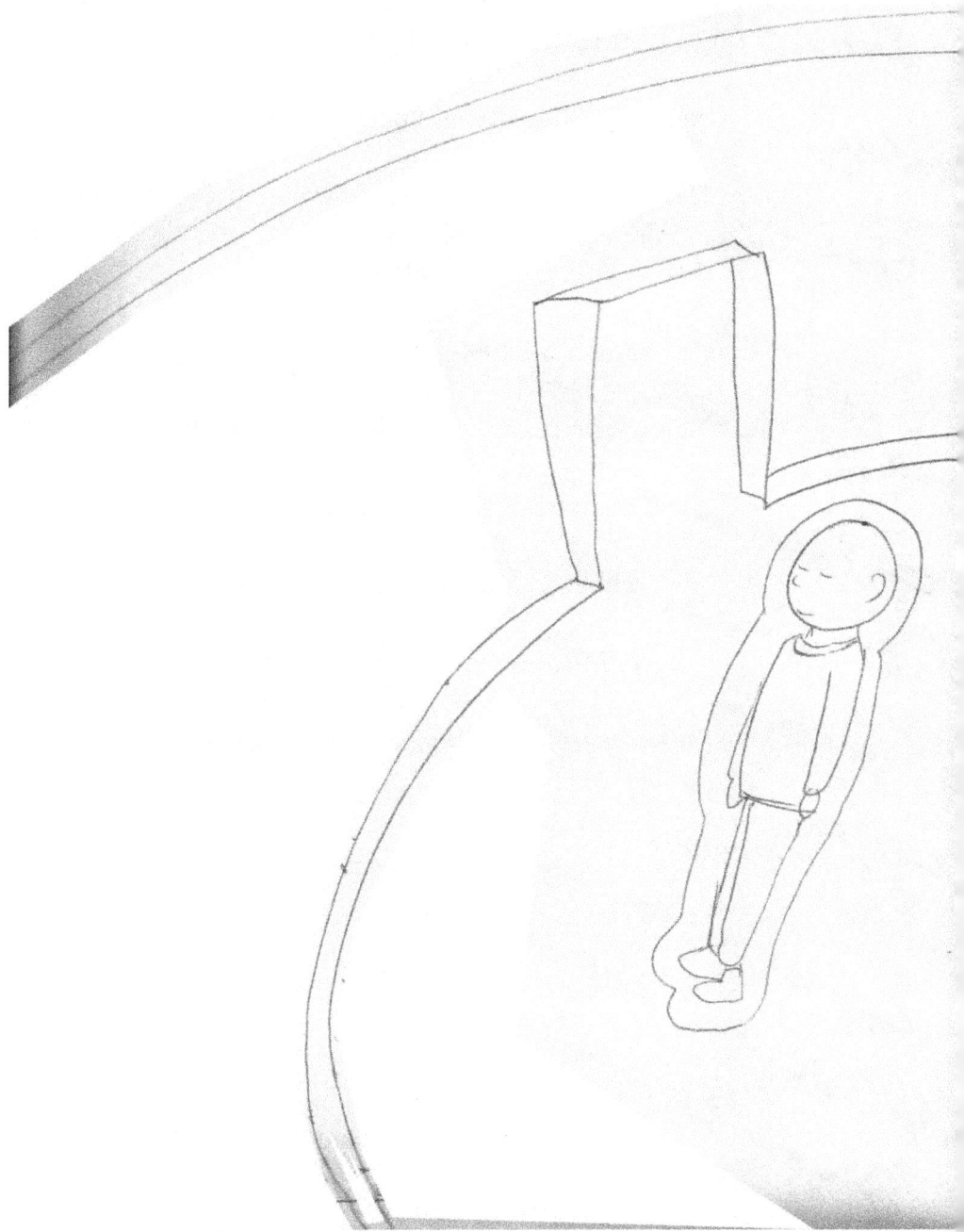

Een deur is een metafysisch concept. Deuren zijn niet zomaar deuren. Het zijn niet enkel uitgevonden praktische hulpmiddelen die een timmerman heeft bedacht en gemaakt.

Deuren hebben diepere betekenissen in zich.

Deuren sluiten zich of bieden toegang aan hen die de sleutels hebben.
Een deur is meer dan alleen een archetype.

Net als alles in onze Realiteit is het een gelaagd principe.

Een tandenborstel is niet slechts een tandenborstel.

Een appel is niet slechts een appel.

Een schoen is niet alleen maar een schoen.

Alles en iedereen is gelaagd.

Ieder voorwerp, ieder ding, ieder wezen, ieder mens.

Reizen door het leven is non-lineair. Reizen door je leven is je verdiepen. Komen tot je diepste, verborgen zijns-lagen.

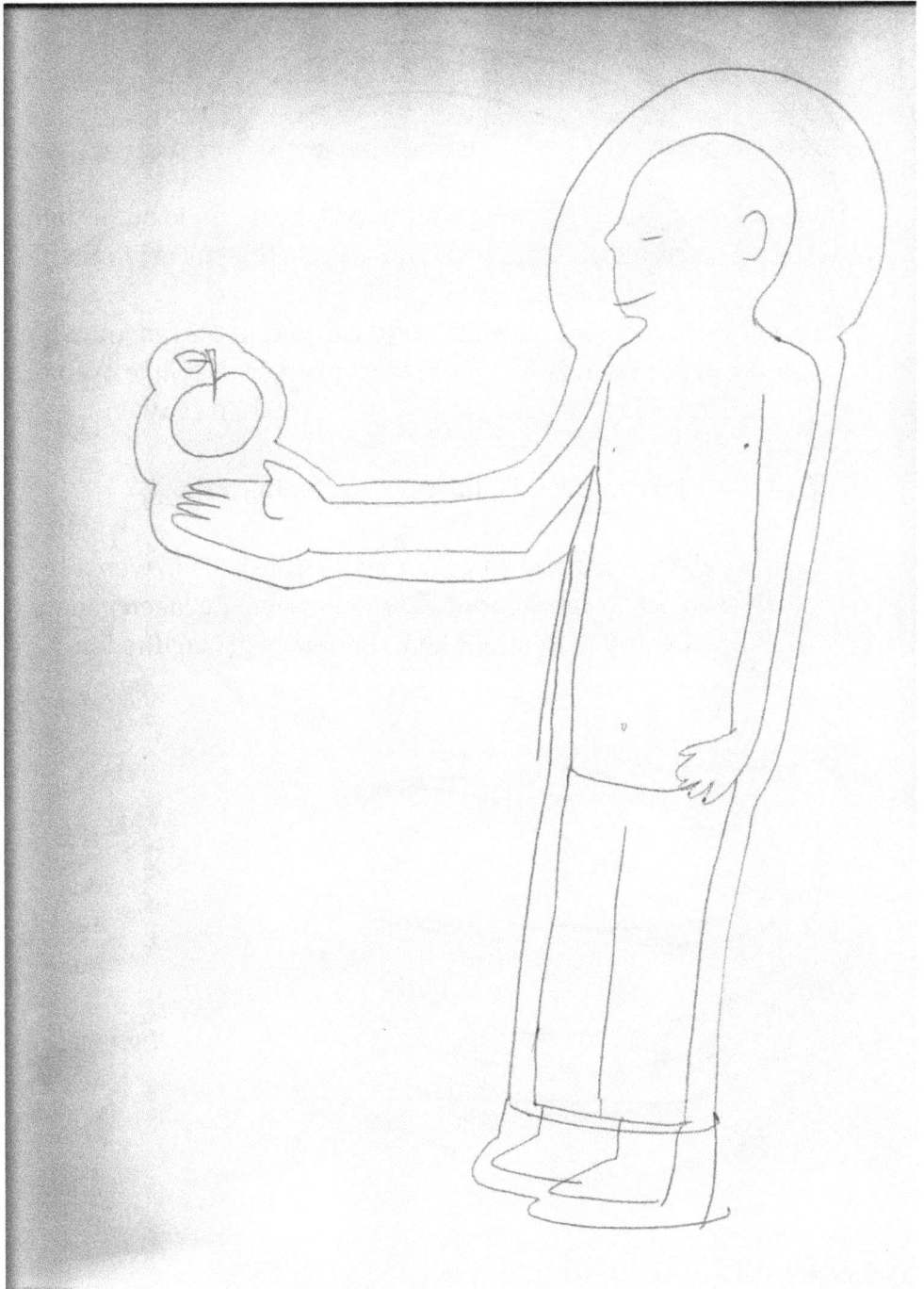

De appel die jij at toen je jong was en pril, heeft, nu je ouder bent en ervarener, alleen maar aan smaak en betekenis gewonnen.

De voorwaarde voor de verdieping van wat het leven jou wil geven is, dat jij open zult zijn om te ontvangen. Dat jij je oren te luisteren legt in plaats van alles te overschreeuwen.

Je levensreis is dus een verdiepingsreis.

Eentje vol verrassingen en zegeningen. Alleen als jij wenst te veranderen, zul jij reizen door de dieper liggende lagen van de Realiteit, want de Realiteit kent eindeloze gelaagdheden.

Toegang

Een van de sleutels tot de mysteriën van het leven en het sterven manifesteert zich door de mate waarin jij je kunt verbinden met iets of iemand.

Je wordt getoetst en getest.

Onder andere wordt jouw openheid getoetst.

Ben jij in staat om te ontvangen?

Ben jij in staat om geraakt te worden?

Ben jij in staat om te geven?

Zijn jouw gedachten, woorden en spraak gegrond in je intuïtieve weten of ben jij nog enkel slaaf van jouw ratio die jou vermaakt en tevens tergt door het produceren van eindeloos zinloze begrippen?

Ben jij eendimensionaal of ben je al doorgebroken tot een staat van multidimensionaliteit?

Leef jij enkel in je hoofd of ben je één met alles?

Ben jij alleen maar hersenen of sla jij je vleugels uit en verover jij de onmetelijke diepten en de hoogste hoogten van de volledige existentie?

En tot slot.

Is jouw mystieke lichaam groter of kleiner dan jijzelf?

Hoe groot ben jij?

Hoe klein ben jij?

Bevat en omvat jij het heelal, met al haar dimensies en plekken en Realiteiten, of voel jij je alleen maar nietig en nietsig?

Slechts een manifestatie te zijn van een mens zoals er zovelen zijn.

Weet, en durf te dromen dat er meer, veel meer mogelijk is en dat de visie op Realiteit en Waarheid verre van beperkt is.

In jou liggen de sleutels tot de deuren die jij mag openen.
Ik hoop dat je mede door mijn woorden voelen mag wat je nooit gevoeld hebt.

Dat je gedachten mag koesteren die er nooit mochten zijn.
Geloof maar, durf maar.

Heb het lef om te weten wat niemand anders kan weten.

Om te geloven dat jij jouw Waarheid kent en ziet.

Jouw Waarheid, die tevens De Waarheid is, omdat er geen andere Waarheid is dan degene die jij aan den lijve ervaart en beleeft.

Ik geloof in jou.

Geloof jij in jezelf?

Hierin ligt de belangrijkste sleutel.

Deze geeft toegang tot waar jij wilt zijn.

Jij wilt verder. Jij wilt groeien en ervaren.
Liefhebben en medeleven.
Gevoelens serieus nemen en essentiële gedachten creëren.

"Nu zien wij nog in een spiegel, in raadselen.

Dan zal ik kennen zoals ik zelf gekend ben."

Ik geef jou één sleutel.

Eentje die jij mag bewaren in je Hart.

Eentje die je mag koesteren met je ganse wezen.

Een woord slechts:

Geloof.

Aan jou is het wat jij met deze sleutel doet.

Ontdek het zelf.

Ik vertrouw erop dat jij de deuren zult openen en nieuwe sleutels zult vinden in je bestaan, of is er slechts één sleutel nodig?

Wellicht de sleutel die ik je gegeven heb?

Wie zal het zeggen?

Aan jou de mogelijkheid om het mysterie te ontrafelen.

Aan jou de eer.

Kruispunt

Uitstorting van zijn heilige geest

139

Uitstorting van zijn heilige geest.

'Zijn zegen is met ons.'

Op het kruispunt waar alle paden samenkomen, hebben wij vanuit een vreemde samensmelting iets heel essentieels beleefd. Iets van zulk een waarde en schoonheid alsook iets zo aangrijpends dat het door onze harten sneed.

Nog nooit heb ik de eenheid beleefd als in deze intense periode, dat mijn Vader ons meenam op zijn laatste reis in zijn vertrouwde en geliefde Realiteit, waar hij thuis was, en is en zal zijn. De wereld die hij deelde met mijn moeder en met ons.

Een kruispunt is een zeldzaam fenomeen. Gewoonlijk loopt een ieder zijn eigen pad en kruisen paden elkander nooit. Dit was mijn ervaring, totdat mijn Vader iets anders liet zien.

Gewoonlijk lopen mensen naast elkaar, ieder op een eigen pad. Eenheid is daarom nooit of te nimmer een vanzelfsprekendheid. Een ieder spreekt en ervaart op zijn eigen persoonlijke pad. De realiteiten blijven gescheiden van elkaar en lopen nooit door elkaar heen.

Ik had het nooit eerder ervaren: de samensmelting van Universa/Realiteiten/Werelden. De kruising van paden.

Zielen die samenkomen in één gebeuren. Eenheid. Eenwording. Een samenkomst.

In mijn metafysica bestond dit nog niet.

Een waarachtige singulariteit!

Iets wat ons van onze paden lijkt te drijven. Allen gedreven naar een plek en verstrengeld in dat wat plaats vindt.

Een gebeurtenis die te vergelijken is met het model van een atoom, met in het midden een kern en eromheen dansende deeltjes.

Mijn Vader was en is de Kern en eromheen bewegen wij, zijn geliefden.

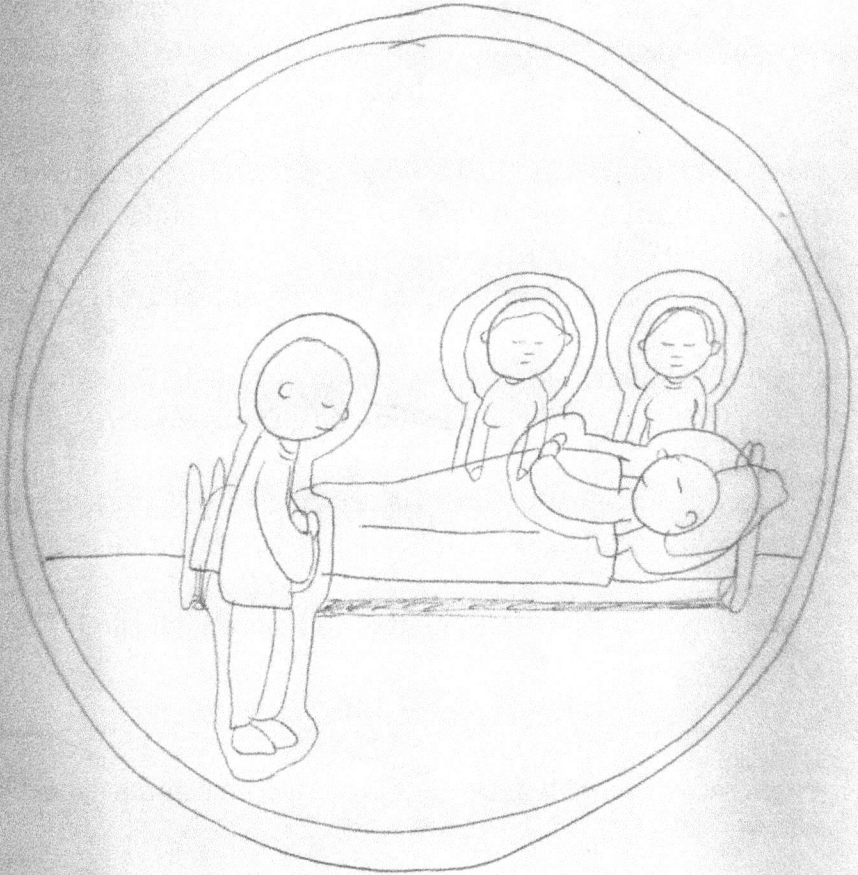

Een heilige zielendans, die nog nooit is voorgekomen. Vol lading, diepte en betekenis. Vol van het essentiële.

Alles draait om mijn Vader. Een ieder werd geraakt. Niemand kon eromheen. Wij allen bogen onze paden om samen te zijn, met onze Vader, broer, opa en echtgenoot, alswel bekende, vriend, voorbijganger en vreemde. Een ieder ontmoette Hem op eigen wijze.

Door dit alles raakten alle verhoudingen zoek. Deze gebeurtenis had en heeft gevolgen voor ons allen, wie wij ook zijn, welk contact wij ook hebben met Hem die ons zijn Zegen gaf. Hij die ons voorging tot het einde toe. Tot een nieuw begin.

Om Zijn realiteit te delen, om te raken en geraakt te worden, door dit unieke en intieme gebeuren.

Gezegend zijn hen die aanwezig waren en die één zijn met onze Vader, dit geheel zonder aanziens des persoons.

Wij waren en zijn met Hem. Hij is bij ons en wij zijn bij hem.

Voor altijd.

Niets zal ons scheiden. De dood niet en welke andere obstakels dan ook.

In wezen worden wij nimmer gescheiden van onze geliefden.

De dood is een overgang.

Deze essentiële gebeurtenis, die hij met ons wilde delen, laat ons voelen en weten dat hij niet weg is. De dood is geen eindpunt.

Het leven houdt niet op na het sterven.

De volgende woorden liet moeder op vaders krans na:

"Tot ziens lieverd."
En zo is het.

Voor hen die zien, horen, voelen en proeven, is de wetenschap
bereikbaar en voor de hand liggend.

De wetenschap van het Hart.

En deze wetenschap geeft ons de existentiële sleutels tot de zin
van het sterven en de dood die voorbij de grenzen ligt van het
zichtbare en het kenbare.

Mijn Vader zag de andere wereld die wij hemel noemen of
hiernamaals of de andere dimensie of de uitgebreide
werkelijkheid of wellicht een grotere wereld.

Hij ging over een drempel. Door een open deur.

Dat wat wij allen alleen in onze dromen doen, heeft hij in een
wakkere, bewuste toestand gedaan. Mijn vader wist wat hij deed
en hij wist waar hij naar toe ging.

Alleen de laatste stap moest gezet worden.

Het mag een troost zijn, een zegen en een hoop en een
wetenschap voor ons.

Mijn Vader wist.

Hij bewoog zich op de grenzen van leven en dood.
Hij wist het.

En wij mogen het met hem weten.

- Liefde overwint alles -

- Liefde overwint alles -

Het is geen kwestie van of je gelooft of niet.

Nee, het is een kwestie van voelen.

Van of jouw Hart geopend is of nog niet.

Het is een kwestie van zien en erkennen.

Erkennen dat mijn vader wist waar hij heen ging. Deze wetenschap mogen wij als een kostbaar geschenk aanvaarden.

Het grote geschenk van onze vader, broer, opa en echtgenoot, vriend, bekende, voorbijganger, vreemde.

Niets heeft een einde.

Het houdt niet op.

Het houdt nooit op.

Wij, mensenkinderen, zijn gemaakt voor de eeuwigheid.

De hele natuur,de ganse wereld, spreekt tot ons en toont ons de processen van het eeuwige, het tijdloze.

Als wij goed kijken, voelen, proeven en luisteren, zullen wij zien en beleven dat er geen einde is in onze Realiteit.

Kijk naar de seizoenen van onze natuur en zie de transformatie die alles ondergaat en doorleeft.

Zoals de natuur is, zo zijn wij.

Er is een tijd van de lente, het prille groen, het ontluiken van nieuw leven, de zomer, het uitbundige leven dat vol kleur en fleur is, vol van pracht en glorie, de herfst waarin de Realiteit zich voorbereidt op wat er komen gaat, en uiteindelijk de winter waarin alles sterft.
De winter waarin de dood voor altijd lijkt te zegevieren.

Edoch, na een tijdloos moment waarop de ganse Realiteit haar adem inhoudt, zal pril groen de doodsheid van de winter doorbreken en zal er een nieuwe lente zijn.

Het bijzondere is, dat als wij goed kijken en inzien hoe de natuur is, dat wij dan ook in ons zelf schouwen.

Wij zijn immers ook natuur.

De wetten van de natuur gelden ook voor ons. De krachten die onze seizoenen veranderen, noemen wij *krachten die leiden tot Transformatie.*

De natuur transformeert door de seizoenen heen.

Ieder seizoen heeft zo haar waarde, haar schoonheid, haar waarheid.

Zo hebben de levensfasen van ons bestaan ook waarde, schoonheid en waarheid.

Zo heeft het levensverhaal van mijn Vader zijn waarde, zijn schoonheid en zijn Waarheid.

Zo heeft zijn leven een lente, een zomer, een herfst en een winter.

Zo hebben wij onze Vader nadrukkelijk mogen ontmoeten in zijn herfst en uiteindelijk in zijn winter.

Uiteindelijk mochten wij zelfs voorbij de grenzen van het leven zien en beleven.

Voorbij de wintertijd mogen wij de potentie voelen en zien van zijn nieuwe lente, het nieuwe of het hernieuwde leven.

Mijn Vader wist dat de winter niet is wat zij lijkt te zijn.

Hij kende de natuur en hij hield van de seizoenen.

De winter duurt een eeuwigheid en de dood lijkt het definitieve einde te zijn.

Edoch, het houdt niet op bij de dood.

Wanneer een eeuwig moment verzadigd is, zal er een nieuw moment aanbreken, welk weer een eeuwigheid zal duren.

Wij zijn kinderen van de eeuwigheid.

Wederom zal het leven aanbreken en zal het zich transformeren tot een frisse, sprankelende lente vol vernieuwing en vol van dat wat wij allang niet meer verwachten dat het zou komen.

Wij zijn gemaakt voor de eeuwigheid.

Bij vlagen zijn wij levensmoe en uitgeput en op.

Niet omdat wij ongelukkig zijn of depressief, maar omdat wij eeuwigheden leven en beleven.

Tijd is slechts een spel met de klok.

Tijd is ons geleerd.

Als jij weet wat je waard bent en wat het leven waard is, ben je al vele stappen verder in je zijnsbeleving.

Wellicht zul jij *nooit* wennen aan het blote zijnsfeit dat jij morgenochtend, als jij opstaat uit je vertrouwde bed, na een eindeloze reis door de nacht, weer een hele lange levensdag mag beleven samen met degenen die van jou houden en die met jou zijn.

Ik wens jou hierbij een zalige reis toe die voor altijd mag blijven duren.

En weet dit:

dat de dood slechts een pauze is.

Een eeuwig moment waarop de ganse Schepping haar adem inhoudt.

Waarop het gras niet groeit en de illusie van de tijd versmelt met jouw verlangen. Een stonde waarop jij het tempo aangeeft van alles wat is en wat niet. Alles volgt het ritme van jouw harteklop.

En als dat moment eindigt, adem jij uit en alles en iedereen doet hetzelfde.
Een momentum volgt, waarin geopenbaard wordt dat jij niet zomaar iets bent of iemand.

Dat jij het bent en niemand anders.

Dat een enkele ademtocht jou zal brengen waar jij het liefst wilt zijn.

152

Even knipperen met je ogen en je bent er.

Dat zacht jouw naam genoemd wordt, waarop jij je ogen opent in
een daglicht dat jij voor het eerst zult zien.

Het is volbracht.

Ik sluit dit werk af met twee gedichten van mijn hand, die ontstonden op de dag dat Vader ter aarde is gedragen. Des morgens ontstaan toen de zon door mijn kamer scheen.

Pappa's fiets

De zon komt op, deze mooie morgen.

Ze verwarmt mij met haar stralen.

Papa lacht en stapt op zijn fiets.

Vergeet mij niet, zegt hij tegen mij.

Dan fluit hij een liedje dat ik niet ken.

Vol goede moed fietst hij door de laan.

Vergeet mij niet.

Ik lach naar de zon, die papa omhult met een warme glans.

-JH-

7 april 2016

Pappa's knipoog

Hoopvol gloort mijn dag.

Ik mag zien en weerzien.

Mijn moeder, mijn vader, zij die mij voorgingen.

Het Grote Werk is volbracht.

Nu ben ik de Vader,

die in de Hemelen zijt.

-JH-

7 april 2016

www.ingramcontent.com/pod-product-compliance
Lightning Source LLC
Chambersburg PA
CBHW031847090426
42741CB00005B/391